LA MORT

LE TESTAMENT ET L'HÉRITAGE

DE

MALEBRANCHE

Par le P. INGOLD

DE L'ORATOIRE

PARIS

POUSSIELGUE FRERES

RUE CASSETTE, 15

1884

LA MORT

LE TESTAMENT ET L'HÉRITAGE DE

MALEBRANCHE

LA MORT

LE TESTAMENT ET L'HÉRITAGE

DE

MALEBRANCHE

Par le P. INGOLD

DE L'ORATOIRE

PARIS

POUSSIELGUE FRERES

RUE CASSETTE, 15

—

1884

LA MORT, LE TESTAMENT ET L'HÉRITAGE
DE MALEBRANCHE

D'après des documents inédits

Les prochains volumes de la *Bibliothèque oratorienne* contiendront la vie de Malebranche, du P. André, S. Z. d'après le manuscrit définitif de l'auteur (1). On sait que ce précieux ouvrage, dont Cousin déplorait si énergiquement la disparition, retrouvé il y a peu d'années, est conservé à la Bibliothèque nationale.

J'en détache quelques pages relatives aux derniers instants et à la mort du grand philosophe, en y joignant son testament et divers détails sur sa bibliothèque et les objets trouvés dans sa chambre après sa mort. Ces derniers documents, totalement inédits, proviennent des Archives nationales.

I

« Le P. Malebranche, raconte André, ne survécut guère à l'impression de son dernier ouvrage (2). Il y avait longtemps que ses infirmités l'avertissoient de penser à la mort. Son grand âge étoit encore un autre moniteur, qui la lui mettoit sans cesse devant les yeux: et sans parler de ses conversations, je trouve dans ses lettres qu'il étoit docile à la voix de ces prédicateurs

1. M. Blampignon, dans son *Étude sur Malebranche*, a publié quelques fragments de cette vie, d'après une copie de la Bibliothèque de Troyes, qui est peut-être celle de l'abbé Guyot. (V. *Charma et Mancel*, le P. André, II, p. 154). Mais le ms. de Paris est bien la bonne édition, pour parler comme Cousin.

2. Les *Réflexions sur la prémotion physique*, contre le livre du janséniste Boursier, parurent en 1715, chez David.

domestiques. Un des motifs qui l'avoit porté à faire ses *Entretiens sur la mort* (1) étoit de s'en rendre la pensée familière. J'y veux penser, disoit-il, et y faire penser. Mais surtout les dernières années de sa vie en furent une méditation continuelle. C'est une des raisons qu'il apportoit à ses amis, pour se dispenser d'écrire : ayant appris sur la fin de 1714 que les Jésuites avoient engagé un de leurs pères (2), autrefois de ses défenseurs, à le combattre par un livre public, et qu'ils en triomphoient déjà par avance avec leurs confidens : « Qu'ils triomphent, répondit-il, je ne leur « envie point cet honneur, pourvu que la vérité triomphe avec « eux. Mais à l'âge où je suis, mon temps ne doit pas être em-. « ployé à des disputes. » C'est aussi la raison pourquoi il ne s'étoit point amusé à relever toutes les chicanes de l'auteur de la pré-motion physique. Et afin de se moins détourner de la pensée, qui faisoit alors sa principale occupation, il avoit pris le parti de ne plus rendre de visite. « Il faut en tout temps, disoit-il, en « écrivant à un ami de 50 années, penser à mourir *in osculo* « *Domini* ; mais bien plus, lorsqu'on est à mon âge. Priez le Sei- « gueur, mon cher et ancien ami, qu'il rende éternelle notre « amitié et notre union en J.-C. dont il a eu la bonté de nous « faire membres. »

C'étoient les sentimens où se trouvoit le P. Malebranche lorsqu'il fut atteint de la maladie dont il mourut. Ce fut à la campagne où il étoit allé, tant pour se remettre d'une indisposition qui l'avoit fort travaillé pendant l'hyver, que pour se délivrer du tumulte de Paris, qui lui donnoit toujours plus de distractions qu'il n'eût souhaité. Il ne faisoit que languir depuis quelques années : *Labor et dolor*, disoit-il dans une lettre : c'est tout ce qui me reste de la vie ! avouant néantmoins

1. Ces entretiens parurent pour la première fois en 1696, dans la 3e édition des *Entretiens sur la méiaphysique et sur la religion*.

2. Le P. Dutertre, qui publia en effet la *Réfutation d'un nouveau système de métaphysique proposé par le P. M****. Paris, 1715. « Ce père, raconte notre ms., envoya son livre au P. André, le priant de lui dire ce qu'il en pensoit. L'autre répondit à peu près : Je vous remercie de m'avoir envoyé votre ouvrage. Vous me demandez mon avis, vous m'en dispenserez s'il vous plaît, de peur de commettre la vérité avec la sincérité. » André ajoute : « Le livre ne lui fit aucun honneur, même dans sa compagnie. »

qu'il se portoit toujours assez bien eu égard au peu d'usage
qu'il faisoit de la santé. Cette langueur, qui le minoit depuis
longtemps, se tourna tout d'un coup en maladie sérieuse. Le
20 juin 1715, jour du S.-Sacrement, il célébroit actuellement
les Saints Mystères (1), car il n'écoutoit point ses infirmités
lorsqu'il s'agissoit de satisfaire sa dévotion. Mais au commen-
cement du canon de la messe, il fut saisi d'une défaillance
qui l'obligea de discontinuer. Il ne put jamais se résoudre à
laisser passer un si bon jour, sans recevoir le corps adora-
ble de son divin Maître. Ne pouvant continuer la sainte Messe,
il voulut entendre celle qui se dit aussitôt dans la même
église, et il y communia avec une piété qui édifia tous les
assistans. Trois jours après on le transporta à Paris. Le R. P.
De la Tour, général de l'Oratoire, en fit avertir incontinent
M. l'abbé de Marbeuf. Cet abbé, qui avoit un attachement par-
ticulier pour la personne du P. Malebranche, se rendit à S.-Ho-
noré. Il le trouva dans les ardeurs de la fièvre. Mais son esprit
n'en étant que plus vif et plus gai, le P. Malebranche parla une
heure durant sur divers sujets de philosophie, qui tombèrent
dans le discours, et même avec plus d'enjoûment qu'il ne
faisoit en pleine santé. Le R. P. Général étant survenu, et le
voyant en si belle humeur, lui demanda son avis sur quelques
nouvelles opinions de physique, dont on disputoit alors. Le
P. Malebranche y répondit, et traita la matière avec toute
l'étendue et la méthode qu'il auroit pu faire dans une assemblée
de l'Académie royale. On fut mesme obligé de l'avertir qu'il ne
se souvenoit plus qu'il étoit malade : la force qu'on lui voyoit,
donna quelque espérance à ses confrères. Mais il ne se flatta
point : il songea à se mettre en état de paroître devant Dieu.
Il demanda son confesseur. M. l'abbé de Marbeuf l'étant revenu
voir le lendemain, le P. Malebranche lui dit positivement qu'on
avoit beau le flatter, qu'il ne relèveroit point de cette maladie,
et qu'il songeoit à paraître devant son juge. L'abbé lui répli-
qua qu'un homme comme lui ne devoit pas s'attendre qu'on
l'avertît du danger où il étoit, parce qu'on étoit persuadé qu'il
le connaîtroit mieux que personne. « Oui, dit-il, encore une fois,

1. C'était à Villeneuve-Saint-Georges, chez son ami le président de Metz.

« j'en suis convaincu : ma fin approche; il faut s'y préparer. »
M. de Marbeuf lui ayant répondu que la vie innocente qu'il
avoit menée dès sa plus tendre jeunesse, et l'emploi si utile
qu'il avoit fait de son temps pour l'interest de la vérité, lui
devoit être un grand sujet de confiance en Dieu. « Ah ! Monsieur,
« dit-il aussitôt en levant les yeux au ciel, que de négligences
« dans la vie ! que de négligences ! » L'abbé lui ayant ensuite
parlé de la beauté de ses ouvrages, et de leur utilité. « Hélas,
« Monsieur, reprit le P. Malebranche, en l'interrompant, quand
« nous faisons quelque chose de bien, le Démon est toujours le
« premier à nous le dire. » On voit assez le sens de sa réponse,
mais je crois devoir ajouter que je sçais par mon expérience
qu'il se faschoit tout de bon lorsqu'on lui donnoit les éloges
qu'il méritoit le plus.

Après cet entretien il demanda avec empressement les sacre-
mens de l'Église, et il les reçut avec une présence d'esprit,
une tranquillité d'âme, un recueillement profond, en un mot
disoit un père de l'Oratoire qui en avoit été témoin, avec cette
piété vive et tendre qu'on lui voyoit en célébrant les divins
mystères.

Aussitôt que sa maladie fut connue dans Paris, plusieurs
personnes de distinction envoyèrent demander de ses nouvelles.
D'autres le vinrent voir : ses amis principalement ne l'aban-
donnoient pas. Mais se trouvant importuné d'un si grand
nombre de visites, il pria qu'on ne laissât plus entrer dans sa
chambre que ceux dont les discours le pourroient édifier. Car
il étoit dans un état accablant : un épuisement général avec
des douleurs fort aiguës ne lui laissoit pas un moment de re-
lâche. Dès qu'il se vit en liberté, il ne s'occupa plus que de l'éternité.
Ses entretiens ordinaires étoient avec Dieu et avec N.-S. J.-C.
Toutes les vérités de la religion dont il s'étoit rempli par une
méditation continuelle, lui revenoient sans cesse dans
l'esprit et le consoloient. Mais sa plus grande consolation dans
ses vives douleurs étoit la vue de son crucifix, qu'il avoit toujours ou dans les mains, ou auprès de lui, pour se fortifier par
l'exemple d'un Dieu mourant contre les frayeurs de la mort.
Comme il ne pouvoit presque plus s'appliquer, cette vue lui
tenoit lieu de méditation.

Un jour que M. l'abbé de Marbeuf l'étoit allé voir, pour s'informer de l'état où il se trouvoit : « Hélas, dit-il, je ne pense « plus : et lui montrant son crucifix, tout ce que je puis faire, « c'est de m'adresser au Sauveur des pécheurs. Je lui dis : « Vous êtes le Sauveur des pécheurs, je suis un grand pécheur ! « Vous êtes donc mon sauveur. » L'abbé admira la force des habitudes, qui faisoit conserver au P. Malebranche l'esprit de raisonnement jusqu'à la mort. On en fit la même remarque en plusieurs autres rencontres. Comme ses douleurs aiguës attiroient malgré lui son attention sur l'état de son corps, on l'entendoit souvent raisonner sur les dérangemens des ressorts qui composent le corps humain, sur le cours des humeurs qui en entretiennent l'harmonie et le concert, sur la cause de sa maladie, et sur les remèdes qu'on y pouvoit appliquer. Mais il revenoit bientôt à ses deux grands objets, Dieu et l'homme-Dieu. Pour suppléer à la méditation qui avoit autrefois été ses délices, il se faisoit faire de bonnes lectures, autant que son attention le pouvoit permettre. Il dura près de quatre mois dans cet état, toujours souffrant et toujours patient. Car quoique livré aux plus cruelles douleurs, il ne souhaitoit pas tant de mourir que de souffrir, afin, disoit-il, de prolonger son sacrifice, et de n'avoir plus rien à souffrir dans l'autre monde.

Il eut le bonheur d'avoir des amis qui entrèrent dans ses vues, sans parler de ses confrères dont on connoît l'esprit de piété. M. de Marbeuf avoit soin de le faire souvenir de tout ce qu'on lui avoit reproché pendant sa vie, afin qu'il l'expiât par la pénitence. Il répondit à tout en détestant ses véritables péchés, qu'il avouoit être en grand nombre, et en pardonnant ceux qu'on lui avoit imposés, à ses calomniateurs, qui étoient peut-être encore en plus grand nombre. L'amitié chrétienne est plus hardie que les amitiés du monde. L'abbé ne se contenta pas de lui parler en général, il entra dans le détail, et comme il avoit souvent oui dire aux Jansénistes que le P. Malebranche avoit écrit trop vivement contre M. Arnaud, il demanda au malade s'il ne sentoit aucune peine là-dessus. A cette question le P. Malebranche garda un instant le silence, pour se rappeler toute sa conduite : après quoi levant les yeux au ciel vers le témoin de son innocence, il répondit que non, mais qu'il croyoit qu'il étoit avantageux que M. Arnaud l'eût attaqué, parce que cette dispute lui avoit donné lieu d'éclaircir bien des vérités qu'il étoit important qui fussent connues. L'abbé de Marbeuf n'avoit point attendu à voir le P. Malebranche au lit de mort, pour lui dire la vérité ; il lui avoit fait la même demande quelque temps avant sa maladie, et le P. Malebranche avoit fait la même réponse, ajoutant qu'il ne convient pas de faire les stoïciens lorsqu'on nous attaque sur la religion. Ainsi l'abbé ne l'importuna plus.

Le P. Malebranche continua de donner chaque jour et presque sans interruption des marques de sa profonde piété, jusqu'au dix ou onzième d'octobre, qu'il demeura immobile, mais ayant toujours un parfait usage de la raison. Il fut deux jours dans cet état : après quoi il passa de cette vie à une meilleure, sans fièvre, sans fluxion, sans obstruction, sans agonie, par pure défaillance de nature.

Ainsi mourut Nicolas Malebranche le 13 octobre 1715, dans la 78e année de son âge, la 55e depuis son entrée à l'Oratoire, la 42e depuis la première édition de la *Recherche de la Vérité*.

II

Le lendemain de la mort du grand philosophe, et le jour même de son inhumation dans l'église de Saint-Honoré, le P. Lelong, exécuteur testamentaire de Malebranche, se rendit avec le supérieur de la maison, le P. Guillaume de Saint-Palaye, accompagné des PP. Thouron (cousin de Massillon) et Gouin de Langelière et des deux neveux du défunt, dans la chambre du P. Malebranche, et là, remit « une boeste en fer-blanc qui luy avoit esté confiée par ledit feu père le 24 juin ». Cette boîte contenait le testament de Malebranche, « dont ledit P. Lelong fit la lecture à haute voix. »

Voici en entier ce précieux document :

Domine Jesu suscipe spiritum meum. Seigneur Jésus, sauveur des pécheurs, mon âme vous appartient, offrez-la et consacrez-la au Père des miséricordes.

Je prie le R. P. Guerin, prestre de l'Oratoire, d'exécuter ma dernière volonté que voicy :

Je donne à cette maison de l'Oratoire, où je demeure depuis environ cinquante ans, tous mes livres pour la bibliothèque, mes meubles et mon argent monneyé, si l'on en trouve qui m'appartienne, pour faire prier Dieu pour moi, pour nos R. Pères, et pour payer les restes de la pension que je dois et que je pourrai peut-estre devoir dans la suite, ayant payé cent francs de moins depuis que l'hôpital général ne m'a pas payé entièrement, c'est-à-dire depuis la chère année mil six cent quatre-vingt-treize ; je donne audit hôpital ce qui me sera deu à ma mort de la pension qu'il me doit.

Je prie le P. de Mainville d'accepter mon tableau de la sainte Vierge et le P. Guerin de choisir dans mes livres six volumes tels qu'il voudra ; il faudra rendre en main propre les papiers que j'ay en garde, si je ne les ay pas rendus ainsy que l'on le trouvera marqué, et brusler les papiers inutiles qu'on trouvera dans une cassette de bois avec une inscription qui marque qu'ils ne sont bons qu'à brusler ; ce ne sont que lettres inutiles et des objections sur la philosophie qui ne méritent pas d'estre leus. J'ay escrit de ma main et releu ce testament, fait à Paris ce premier jour de février mil sept cent unze. Signé N. Malebranche, prestre de l'Oratoire.

Comme le Père Guerin est mort (1), ce qui le regarde cy dessus est nul ; ainsy je prie le P. Lelong d'estre exécuteur de mon testament et d'accepter ma pendule qu'a le frère Maillard, celle qui est dans ma chambre appartenant audit frère.

Fait ce sixième septembre mil sept cent treize. Signé N. Malebranche, prestre de l'Oratoire.

Je donne aussy au P. Rainaud (2) une douzaine de vo-

1. Cet oratorien mourut le 22 avril 1713. On sait peu de choses de lui, ainsi que du P. de Mainville dont il vient d'être question. Quant au P. Lelong, il n'est pas besoin de le faire connaître.

2. Le célèbre mathématicien.

lumes de mathématiques et de physique à son choix. J'ay escrit et releu tout cecy ce huitième de septembre mil sept cent treize.

Signé :

N. MALEBRANCHE,

Presire de l'Oratoire.

Dans le testament qu'on vient de lire, il est question de la rente que payait à Malebranche l'Hôtel-Dieu de Paris. C'est le 4 février 1671, que Malebranche et son frère le P. Charles avaient donné entre-vifs à cet établissement une maison qu'ils possédaient à Paris, rue Saint-Honoré, paroisse Saint-Roch, à charge de payer au P. Nicolas la somme de 1.600 livres de rente viagère. Sur ces 1.600 livres Malebranche payait à la maison de l'Oratoire une pension de 500 livres.

III

Aussitôt après la lecture du testament de Malebranche, on procéda à l'inventaire des meubles et autres objets de sa chambre. Le mobilier était fort simple : un bois de lit à piliers, avec des rideaux de serge violette ; les rideaux des fenêtres et les deux fauteuils, de même étoffe. Six pièces de « jonc d'Angleterre » couvraient les murs aux endroits que n'occupaient pas les livres. Mais le tout était « très vieil. » Outre le tableau de la Vierge légué au P de Mainville, un christ en ivoire ornait la chambre. Sur la cheminée, deux pots à fleurs « de porcelaine de Saint-Cloud ». Puis encore « un bénitier de cuivre au pied d'un petit crucifix ». Enfin plusieurs chaises, un bureau « de marqueterie » et une armoire à 18 tiroirs complétaient l'ameublement de la chambre. Dans un de ces tiroirs on trouva la somme de 289 livres 13 sols ; autre part quelques pièces d'argenterie, dont une cuillère à café : on sait que Malebranche fut un des premiers à Paris qui fit usage de café et qu'il ne travaillait guère sans en avoir pris. L'inventaire ne mentionne pas les bois de bibliothèque, qui sans doute appartenaient à la maison. Mais sur ces rayons, que de bons et curieux livres !

Dans le bas, une centaine d'in-folio, parmi lesquels les *Essais de Montaigne*, dont les éditions de ce format sont, comme l'on sait, fort recherchées ; le livre très rare du célèbre Kircher, *De arte magnetica ;* les *Opera mathematica* de Viète, savant français trop oublié aujourd'hui, édition elzévirienne très belle et très curieuse ; le *Balzac* en 2 volumes, de 1685, la seule édition complète du réforma-teur de la prose, à cause de cela fort recherchée.

Parmi les in-quarto (il s'en trouvait 218) citons les *Entretiens de Voiture et de Costar* (1655), précieuse édition ; les *Principes d'architecture* de *Félibien des Avaux* ; les *Vite dei pittori antichi* de *Dati* ; la collection du *Journal des Savants* ; le *Grand Routtier de mer* de *Gracie,* dont toutes les éditions ont de la valeur ; enfin les belles éditions originales, si estimées, des diverses œuvres de Descartes, ouvrages sans doute bien souvent feuilletés par son illustre disciple.

L'inventaire énumère ensuite une centaine d'in-octavo. Remarquons-y les *Curiosités inoyes de Gaffarel sur la culture tallismanique des Persans, horoscope des patriarches, et lecture des estoilles,* livre des plus curieux.

Les in-12 et in-16 sont au nombre de 468. On y trouve deux éditions de Boileau dont l'une en deux volumes devait être l'édition de 1683 ou celle de 1685, l'une et l'autre des premières complètes. C'étaient peut-être des hommages d'auteur : j'ai vu à la Bibliothèque nationale les Lettres de Malebranche au P. Lamy, avec ces mots écrits sur la garde : *Present du pere Malebranche, Boileau.* Remarquons encore les éditions elzéviriennes de la *Sagesse* de *Charron ;* de l'*Usage des passions* de *Senault* ; de la *Pharsale* de *Lucain,* traduite par Brebeuf ; de l'*Horace* de Bond. Puis les *Délices de la campagne,* et, ce qui est touchant, une *Instruction pour élever de petits oiseaux.* Enfin les lettres de *Voiture,* quelques volumes de *Pascal,* et, qui s'en serait douté! le *Malade imaginaire* de Molière.

Viennent ensuite une cinquantaine d'in-24, la plupart livres de piété. Ce qui fait une bibliothèque d'un millier de volumes, qui furent estimés dans l'inventaire 1.660 livres. Je n'ai pas compté un certain nombre d'exemplaires des propres ouvrages de Malebranche qui étaient également dans sa bibliothèque.

« Il ne s'y trouva, comme on devait s'y attendre, ni poètes, ni orateurs, ni historiens (1). » Ceci est de tous points inexact. Pour l'histoire, (on sait que Malebranche avait commencé par se livrer à cette étude), les ouvrages sont en nombre fort respectable : par exemple, l'*Epitome de Baronius* de Sponde ; l'*Historia ecclesiæ parisiensis* de P. Dubois et les *Eloges des archevêques;* l'*Histoire de France* de Daniel ; plusieurs histoires du concile de Trente ; la *Chronologia* d'Usser ; des histoires d'Allemagne, de l'empire ottoman, d'Italie…, etc…, etc… ; le *Rationarium* du P. Petau…, etc… en tout plus de cent volumes. La géographie est encore mieux représentée. Voici d'abord un recueil de cartes in-folio, plusieurs descriptions de l'univers, de la France, de la Terre-Sainte, de l'Afrique ; l'*Introductio* de Cluver ; des voyages à Candie, à Munster, etc…, etc…

Voici quelques ouvrages sur l'art de la guerre, sur la manière de fortifier les places, sur les cartes de navigation, sur la manœuvre des vaisseaux ; la *Dixme royalle* de Vauban ; un *Moreri*, la 2ᵉ édition en 4 volumes ; le catalogue de la bibliothèque de De Thou ; quelques ouvrages de droit ; de nombreux volumes sur la langue hébraïque et sur les études bibliques : Malebranche savait très bien l'hébreu et le syriaque, qu'il avait étudiés avec Richard Simon ; des grammaires espagnoles, anglaises, italiennes..... Pour la langue française qu'il écrivait si purement, voici Vaugelas, les *Remarques* de Bouhours, Pélisson, le dictionnaire de Furetière, celui de Richelet; voici des *Remarques sur la politesse du langage*, et même un traité sur l'*Art de plaire dans la conversation*.

1. Blampignon, op. cit., page 4.

Ce beau génie savait donc s'intéresser à autre chose que la philosophie et les mathématiques et l'on a exagéré son éloignement pour tout ce qui n'était pas sciences abstraites. Même les poètes figurent avec honneur dans sa bibliothèque. J'ai parlé de son *Horace* de Bond, du Lucain, des deux Boileau, du Molière. Voici encore l'*Iliade* et un autre Homère complet en grec et en latin, plus une *Clavis homerica;* voici deux Térence, Stace, Perse; pour les modernes, Passerat, Rapin, etc... Enfin il faut citer plusieurs volumes de Cicéron. Cependant la partie principale de la bibliothèque de Malebranche se composait, comme on peut bien penser, d'ouvrages de philosophie, de mathématiques et de sciences naturelles.

Malebranche aimait-il les *beaux* livres? Oui, s'il est permis de le conclure du soin qu'il prenait de faire imprimer ses propres ouvrages chez les meilleurs libraires de Paris et de Hollande. Oui, encore, si l'on en juge par un petit *Nouveau Testament* grec qui est revenu, après bien des vicissitudes, dans notre bibliothèque. C'est la charmante édition in-32 de Blaev (1638), exemplaire réglé, avec une reliure en maroquin rouge, genre Du Seuil, le chiffre de l'Oratoire sur les plats et deux fermoirs d'argent. A l'intérieur se lit la signature du grand philosophe : *Malebranche, p. de l'O.*, et ces mots, qui paraissent aussi être de sa main : *Satiabor cum apparuerit.*

Imp. de la Soc. de Typ.- NOIZETTE, 8, r. Campagne 1re. Paris.